郑和七下西洋的壮举

◎ 主编 金开诚

◎ 编著 王忠强

吉林出版集团有限责任公司

吉林文史出版社

图书在版编目（CIP）数据

郑和七下西洋的壮举／王忠强编著．一长春：吉
林出版集团有限责任公司，2011.4（2022.1 重印）
ISBN 978-7-5463-4964-0

Ⅰ．①郑… Ⅱ．①王… Ⅲ．①郑和下西洋－通俗读物
Ⅳ．① K248.105.09

中国版本图书馆 CIP 数据核字（2011）第 053395 号

郑和七下西洋的壮举

ZHENGHE QIXIA XIYANG DE ZHUANGJU

主编／ 金开诚 编著／王忠强

项目负责／崔博华 责任编辑／崔博华 王凤翎

责任校对／王凤翎 装帧设计／李岩冰 赵 星

出版发行／吉林文史出版社 吉林出版集团有限责任公司

地址／长春市人民大街4646号 邮编／130021

电话／0431-86037503 传真／0431-86037589

印刷／三河市金兆印刷装订有限公司

版次／2011 年 4 月第 1 版 2022 年 1 月第 5 次印刷

开本／640mm×920mm 1/16

印张／9 字数／30千

书号／ISBN 978-7-5463-4964-0

定价／34.80元

前　言

　　文化是一种社会现象，是人类物质文明和精神文明有机融合的产物；同时又是一种历史现象，是社会的历史沉积。当今世界，随着经济全球化进程的加快，人们也越来越重视本民族的文化。我们只有加强对本民族文化的继承和创新，才能更好地弘扬民族精神，增强民族凝聚力。历史经验告诉我们，任何一个民族要想屹立于世界民族之林，必须具有自尊、自信、自强的民族意识。文化是维系一个民族生存和发展的强大动力。一个民族的存在依赖文化，文化的解体就是一个民族的消亡。

　　随着我国综合国力的日益强大，广大民众对重塑民族自尊心和自豪感的愿望日益迫切。作为民族大家庭中的一员，将源远流长、博大精深的中国文化继承并传播给广大群众，特别是青年一代，是我们出版人义不容辞的责任。

　　本套丛书是由吉林文史出版社和吉林出版集团有限责任公司组织国内知名专家学者编写的一套旨在传播中华五千年优秀传统文化，提高全民文化修养的大型知识读本。该书在深入挖掘和整理中华优秀传统文化成果的同时，结合社会发展，注入了时代精神。书中优美生动的文字、简明通俗的语言、图文并茂的形式，把中国文化中的物态文化、制度文化、行为文化、精神文化等知识要点全面展示给读者。点点滴滴的文化知识仿佛颗颗繁星，组成了灿烂辉煌的中国文化的天穹。

　　希望本书能为弘扬中华五千年优秀传统文化、增强各民族团结、构建社会主义和谐社会尽一份绵薄之力，也坚信我们的中华民族一定能够早日实现伟大复兴！

目录

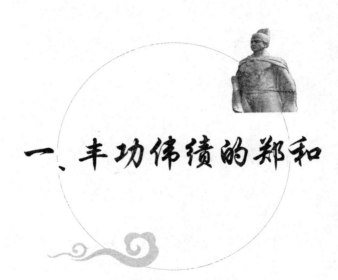

一、丰功伟绩的郑和

　　明朝永乐三年六月十五日，为了彰显国威，加强与海外诸国的联系，同时也为了满足统治者对异域奇珍异宝等特产的需求，明成祖派郑和出使西洋。从1405年到1433年，郑和先后七次航海，访问过亚非三十多个国家，最远到达了红海沿岸和非洲东海岸。郑和下西洋是中国历史上空前的外交、航海壮举，这次航海的规模之大，历时之长，航程之远，在世界航海

史上都是空前的。

郑和下西洋向世界传播了先进的中国文化。当时东南亚、南亚、非洲一些国家和地区非常向往中华文明，郑和下西洋肩负了"宣教化于海外诸番国，导以礼仪，变其夷习"的使命。郑和出色地将中华文明中的中华礼仪和儒家思想、历法和度量衡制度、农业技术、制造技术、雕刻、航海等远播海外，在中外文化交流史上写下了恢弘的篇章。这次航海之旅是一次名副其实的和平之旅，这是中华民

族向世界传递和平讯息的一次壮举。

郑和以先于其他航海运动一个世纪的步伐，领跑着世界的航海运动。在郑和之后的世界征帆风樯中，鲜有可以称为和平之旅的，但我们可以有理由说郑和的船队是名副其实的"和平之帆"。大明王朝这个泱泱大国表现的是博大的胸襟和大国风范，秉承着以和为贵、协调多边关系、树立大国权威的理念，与当时世界上的各个国家、各种宗教和平共处。明朝以儒家的教义影响四邻，以自身强大的力

　　量维护海上安全,可以说大明王朝的这些做法促进了当时世界的和平与稳定。

　　让我们拂去六百年的历史烟云,不禁感慨于郑和这位伟大的政治家、军事家、航海家、外交家对中国的外交事业、航海事业所做的极为显著的贡献。郑和一生七次下西洋,开创了中国乃至世界航海史上的新纪元,他的一生可以用丰功伟绩来形容。郑和能取得这样的成就和他本人的成长经历密不可分。

（一）郑和的成长

郑和的六世先祖叫赛典赤·赡思丁·乌马尔，他是元初来自中亚的色目贵族，是布哈拉国王穆罕默德的后裔，曾被追封为咸阳王。郑和的曾祖父拜颜在元大德十一年（1307年）的时候任中书平章，他的父亲马哈只（原名米里金）被封为滇阳侯。

郑和，本姓马，小字三宝，云南昆阳州（今昆明市晋宁县）人，约于洪武四年（1371年）出生。郑和信仰伊斯兰教，在年幼时开始学习伊斯兰教义和教规。幼时开始，郑和就对伊斯兰文化有着非常深的好奇心。郑和的父亲和祖父曾经都去

过伊斯兰教的圣地麦加，郑和从父辈的言谈中了解了很多异域的奇闻异事，年少又充满好奇心的郑和此时的心里充满了对异域及海外世界的向往。这些都为他以后的航海事业打下了坚实的基础。郑和的成长深受父亲和祖父的影响，因为他们都是刚正不阿、才华横溢、乐善好施的人，这些都在郑和心中留下了美好的印象。

郑和的一生功勋显著，但也遭受过磨难。在明朝结束了统一云南的战争之后，郑和到了南京，受阉做了宦官，之后又到北平的燕王府中服役。郑和自幼勤奋好学，到了燕王府之后，他更是依靠聪明才智、勤劳谨慎的品行赢得了燕王的信任，在朱棣府中做了一名贴身侍卫，郑和的才华在此时也开始显现出来。众所周知的四年"靖难之役"，郑和建立了许多战功，他跟随朱棣出生入死，立下了汗马功劳。在"靖难之役"之后，明成祖朱棣登上了皇位，郑和作为重要功臣之一，得到了和许多文武功臣同样的提升，明成祖升任他为内官监太监，又赐予他"郑"姓和"郑和"这个名字。

（二）成就事业的基础

郑和能有这样

>> 郑和宝船（仿）

显著的成就，并不是偶然的。一方面与他
个人的聪明才智和勤奋好学的精神息息
相关。他为人聪明、正直，可以成为燕王
的亲信，而且他的才智也可以帮助他同燕
王商议国家大事。在这个过程中，他也可
以学习到燕王的政治、军事方面的谋略。
另一方面，他作为当时燕王的贴身侍卫，
可以接触到一些皇亲国戚和朝廷重臣，
同这些人在一起，他可以学到许多东西。
郑和就是在这个过程中锻炼提高了自身
多方面的素质，开阔了自己的视野。

这些因素都是促使朱棣选择郑和作为下西洋的最佳人选的原因。郑和也是不辱使命,多次出色地完成了明成祖派给他的远洋航行任务,建立了卓越的功勋。

(三)非凡的个人才能

郑和不仅在航海方面显示出过人的才华,而且还在外交、军事等方面有着独到的见解,表现出卓越的智慧。他具有钻研精神,不断地探索知识;他拥有过人的才智,能够独到地分析问题。

明成祖在登上皇位

之后，在永乐年间就把下西洋重任交托给郑和。其实在郑和早期的研究领域就已经涉及到航海活动了，他仔细研究分析过航海图，了解掌握了航海技术，熟识天文地理、海洋科学知识，而且还能够进行船舶的驾驶与维修工作。在具备了这些理论基础和实际经验之后，郑和在明成祖的支持下开始进行航海活动。从明永乐三年（1405年）至宣德八年（1433年），郑和先后率领庞大的船队七下西洋，经过了东南亚、印度洋，而且还远航到了亚非地区，最远处到达了红海和地中海。郑和的航海路线涉及到了三十多个地区和国家，而且还将中华文明传播了出去。这七次航行的规模之大、人数之多、组织之严密、航海技术之先进、航程之长，令世界震惊。郑和领导的七下西洋航海活动也充分证明了他统率千军的才能。

（四）航海生涯

郑和在七下西洋之前就已经开始了他的航海生涯，在永乐元年的时候，他先是出使暹罗，永乐二年他又出使日本。在掌握了丰富的航海经验之后，郑和开始了七下西洋的壮举。

1.出使暹罗国

清代乾隆年间的《敕封天后志》一书中记载："永乐元年，差太监郑和等往暹罗国。"郑和的这次航海活动和之后的七下西洋是不同的。这次前往暹罗是为了大规模

的下西洋打前站,做好基础工作,并不是为了进行外交活动而前往的。

1402年,郑和的船队到达暹罗以后,他们主要对当地的海岛情况、山地的地形、水文资料以及风土人情等开展了全面的调查,郑和的这些调查为日后的航海积累了丰富的经验,同时也为马上就要展开的远洋航海活动做好了准备工作。郑和回国后,就开始了大规模的造船工程。

2.出使日本

永乐二年(1404年),明成祖准备派遣郑和下西洋。正在郑和积极筹备下西洋时,中国的东南沿海地区遭受了非常严重的倭寇侵扰事件。明成祖为了巩固边防和自己的统治,决定马上派遣使节去日本进行交涉。而此时这一任务就落在了郑和身上,因为郑和在朱棣夺权过程中跟随朱棣颇有功劳,深得朱棣赏识。郑和接受任务后，立即组织人马东渡日本。

郑和从桃花渡（今浙江宁波附近）东渡到达日本，代表明朝政府和日本政府谈判。日本当时执政的源道义自知理亏，立即下令逮捕了倭寇首领，并且保证今后不会再出现倭寇侵扰中国东南沿海的事件。郑和胜利完成了使命，此举改善了当时中日的关系，也是郑和出使日本的成果。

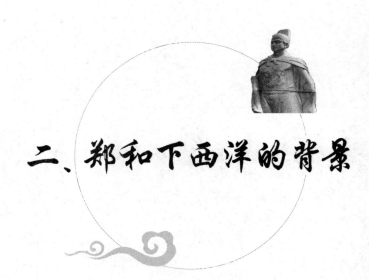

二、郑和下西洋的背景

郑和之所以能够完成这样一个壮举除了他特有的才华外，还与当时的各种社会历史背景有着密切的关系。

（一）历史背景

郑和下西洋这一历史壮举，发生在世界变革"序幕"尚未拉开的15世纪上半叶，发生在屹立于世界东方的中国，这些都不是偶然的。在宋朝以前，我国的海外交通就得到了很大的发展，尤其是宋元以来我国海外交通事业得到了迅猛的发展，这些都成为大明王朝派遣郑和下西洋的良好前提条件。

中国在唐代以前的对外交通以陆路为主，进入宋朝以后，特别是到南宋，就发生了划时代的变化——以海路交通为主。到元代又开创了对外海路交通史上的新局面。

1.经济重心的南移

由于全国经济重心南移，江南和东南沿海地区的经济渐渐发展起来，这为发展海外交通提供了丰富的物质基础。到唐代中叶安史之乱之后，北方经济由

于战争的原因遭到了严重的破坏，经济非常萧条。而这时东南沿海地区由于相对安定，经济得到了一定的发展。这使得全国的经济、文化重心逐渐由黄河流域转移到长江流域，江南与东南沿海地区

的经济成为全国的经济命脉。

2.科学技术的进步

随着科学技术的进步,造船工艺得到了很大的提高,加上罗盘针在航海上的运用,这些都为发展海外交通提供了技术保障。指南针的运用使得航海的速度加快,航海的安全性增加,这就大大推动了我国海外交通事业的发展。

3.海路交通比重的变化

此时,中国的陆海交通比重发生了

很大的变化，开始侧重于海路交通和海外贸易的发展。到南宋偏安于江左以后，中国和西方的陆路交通几乎完全断绝，此时海路交通得到了空前的发展。元朝政府加大对海路交通的投入，先后在泉州、广州、温州、杭州、庆元（宁波）、上海、澉浦等七个港口设置了市舶提举司，用于管理海外贸易。

总之，由于海陆交通比重的变化，在宋元时期，中国通过南洋地区、印度洋直达阿拉伯地区的海路已经畅通无阻，商船往来频繁。随着东方与西方之间海路的畅通，为后来郑和下西洋航海到达阿拉伯以至东非地区打下了基础。宋元时期海路交通的发展，航海技术的进步都成为郑和下西洋的历史背景。

（二）社会背景

中国在明代（1368—1644年）已进入封建社会后期，发展成为一个强大的国家，拥有很多先进的技术，在很多方面都领先于世界。

郑和下西洋期间正是明朝的"永乐盛世"年间，当时也可以说是中国古代历史上的一个辉煌时期。当时的皇帝朱棣，算得上是一位拥有雄才大略的皇帝，他

除了推动郑和七下西洋外，还命令解缙、姚广孝、王景、邹辑等人编纂了《永乐大典》，并迁都到北京，设立了奴儿干都司，疏浚了大运河等。明成祖能够审时度势，分析当时的社会形势，并且依据形势的变化，采取各种相应的措施。此时明朝虽然强大，但在陆上和海上两方面都受到了一定的威胁，因此此时明朝的对外政策调整为主动防御。陆上实行迁都、亲征漠北；海上主要是派出了郑和船队，通过海上的航行，威慑和打击倭寇的反动势力。明朝开始一步步加强国内的安全防御，并且开始发展国内的经济、政治、文化。

　　明成祖能够认识到一个国家的发展需要与周边国家建立相互往来的关系，他制定了合理的对外政策，稳定了周边国家，力争使国家能够有一个长治久安的社会局面。明朝除了坚持"厚往薄来"的对外政策外，永乐一朝更是积极推行"宣德化而柔远人"的外交政策。这一政策的目的是，不仅要将中华民族的文明远播于海外，还要吸收外来文化的有益养分，就是所谓的"恒遣使敷宣教化于海外诸国，导以礼义"。郑和下西洋的举措并不

是单纯的为了航海而进行的，而是依据了当时的经济形式、适应了当时的对外天放政策，是为了使中国与海外诸国的邦交在宣德朝能有更进步的发展。

（三）地理环境

自古以来，海洋中就有着非常丰富的资源，而且海洋是人类生命的摇篮，海洋资源对人类的生存和发展起到了很大的作用。我们中华民族的祖先早在远古时

期就和海洋有着千丝万缕的联系，海洋

与我们中华民族的生存、发展乃至衰落

都是息息相关的。

　　中国的地理位置是在太平洋的西北

部，拥有漫长的海岸线，紧邻的是辽阔的

海域，因此要想加强与海外的交流，航海

活动是非常必要的。

　　元朝时，中国的远洋贸易非常发达，

拥有当时世界上量最大的几个港口和世

界上最强大的海军和大量的民船、商船，

为后来的明朝航海奠定了基础。到了明

朝雄厚的经济实力，领先世界的先进的

航海技术和发达的造船技术使永乐大帝能够把对海外各国奉行的对外方针政策付诸实施。因此，郑和下西洋的伟大的航海壮举，出现在了15世纪初期的历史舞台之上。

（四）世界背景

明朝在永乐年间，正处于"倍于往时"的盛世局面，而亚非诸国却相对落后。亚非诸国落后的社会经济文化状况，奠定了其产生对中华文明强烈需求的社会基础，而郑和下西洋，正好提供了这一契机。

1.社会发展阶段上

此时的亚非国家大多处于原始部落

状态或奴隶制社会时期，有的甚至未开化。他们社会发展缓慢，没有先进的生产力和先进的文化指引，与世界上的其他国家也很少有往来，因此无法接受外来先进文化的影响。像古里国"其位以女腹为嫡，传之姐妹之子"，还带有很明显的母系氏族社会的残余。

2.政教刑法上

亚非的很多国家都没有一整套完备的政治制度和法律制度，仍是带有原始性的部落习俗。虽然一些国家还设有国王，但是这个国王是不同于中国封建社会的皇帝的，而是类似于原始社会的部落酋长，因此在这些国家中还没有一套相应的君主制度来确定国王的权威和地位。

有文献记载，占城国"其王元日沐浴，用人胆以和，部领献以为礼，谓云'通身是胆'也"，

用这样的办法来使得臣民畏服。还有一些国家在法制方面更是千奇百怪，无所不有。如占城国"国有大潭，名曰鳄鱼，凡讼不决，令两造骑牛渡潭，曲者鳄鱼食之，直者屡过不食"；在爪哇国"其刑唯戮……杀人者，避之三日则原；即获者死"；真腊国在辨别盗贼是否偷盗的时候，就让盗贼把手放在油锅中，认为如果真的是盗贼，手就会马上腐烂；如果不是的话，手就会安然无恙。这是带有很浓厚的迷信色彩的一种刑法方式，是非常不科学的，但是这确实也是与亚非国家当时所处的社会发展阶段密切相关的，是依据当时的社会情况而制定的。

3.风俗习惯上

在郑和下西洋以前，亚非的一些国

家中，基本上没有"礼"这个概念，有些地方还普遍存在着"衣不蔽体、食不知味"的情况。一些国家还有"男女皆裸体，以布围腰"的状况，甚至于"男女皆裸形入池"沐浴的情况。而对于中国这个非常注重礼仪的国家来讲，这些做法是非常违背常礼的。郑和的船队在所经过的亚非国家中传播了中国的文化和礼仪，使得这些未开化的国家接受了中华礼仪的熏陶。

4.日常生活方面

当时亚非的一些国家完全是原始部落杂居，有的还有生食的习惯。有"鱼非腐烂不食，酿不生蛆不为美"的奇怪习俗。即使亚非国家中有一些稍微显示出了文明，比如琉球国、锡兰山国等，但也只能说他们是处在原始社会向封建社会的过渡时期，与赫赫中华相比，是有着天壤之别的。

亚非国家人民身处闭塞、落后的环境中，生活只是基于满足日常温饱的最低需求。但是，人类具有向往发展的本能，一旦受到外界丰富的文化环境影响时，就会极大地激发这种本能的发展。郑和下西洋，到达了亚非很多国家，给这些国家带去了先进的生产方式，带去了文明的生活习惯，也带来了亚非国家社会的发展。

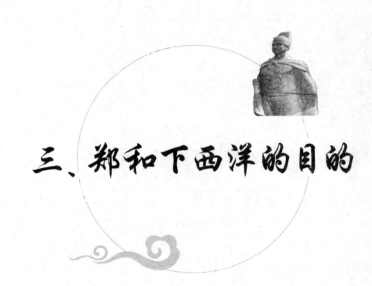

三、郑和下西洋的目的

明成祖派郑和下西洋的目的，史书上的记载众说纷纭，很多说法都很难让人信服。郑和下西洋是一次庞大的航海活动，统领将士多达27000人，船只几百艘，历程数万里，往返三十多年，此举的确使明朝威震海外。很多历史学家都对郑和下西洋的目的进行了各种研究。我们根据郑和下西洋的时间将"下西洋"的目的分为两个时期，前一时期的主要目的是政

治性的，在于巩固皇位；后一时期是政治目的和经济目的并存。

郑和下西洋从时间上可以分为前期和后期两个阶段。前三次可划归为郑和下西洋的前期。航行到达古里，活动范围是在东南亚和南亚一带，而且航行回国后在间隔不到一年的时间又进行了第二次航行。后四次可归结为郑和下西洋的后期。航行的路线延长了很多，横跨了印度洋，到达了阿拉伯和东非沿岸的一些国家。因此郑和下西洋的目的在前期和后期也是不同的。

（一）前期目的

郑和下西洋的前期以前三次下西洋活动为界，主要目的是政治目的，即巩固帝位。

1.巩固新生政权

明朝在经历了四年的"靖难之役"后，明成祖朱棣登上了皇位，但他对建文帝的下落始终存在疑问。因此明成祖派遣郑和下西洋的目的中也存在着他想要"踪迹"建文帝下落的想法。有《明史》记载："传言建文帝蹈海去，帝分遣内臣郑和数辈浮海下西洋。"因为明成祖的皇位是靠武力夺取的，这在封建正统思想中是不符合封建道德礼仪和纲常的。而此时的建文帝生死未明，因此他很担心皇位受到威胁，所以在郑和下西洋过程中，也肩

负着寻找建文帝的任务。明成祖虽然是一位雄才大略的皇帝，但在国家经历过长达四年之久的战役之后，新生的政权是非常需要巩固的。明成祖想通过郑和下西洋宣传明朝统治，显示大明王朝强大的国力，希望能快速和周边的国家建立良好的关系，得到他们的承认和支持，发展和亚非国家的友好邦交，使他们能前来明朝朝拜，达到巩固新生政权的目的。

"欲耀兵异域，示中国富强"是中国历代封建统治者共同的心理。只要有可能，历代皇帝都会努力打造"四夷宾服""万国来朝"的宏伟场景。对于像明成祖这样一个依靠武力夺取政权的皇帝来说,提高自身的政治威望是十分重要的。所以,明成祖非常希望通过郑和下西洋的航海活动,达到提高政治影响和提高中土在海外政治威望的目的,因此,这就成了郑和下西洋的另一项重要使命。

2.和平外交,稳定秩序。

在明朝初年的时候,中国的海外邻国东南亚地区的各个国家之间相互怀疑、相互斗争。当时东南亚两个最大的国家爪哇和暹罗不断对外扩张,而且欺压周边一些国家,更加严重的是他们还杀害了明朝的使臣,阻止这些国家向中国朝贡;而且此时海盗在东南亚、南亚海域横行,气焰十分嚣张。在这种情况下,海上交通线是非常不安全的。明朝政府作为一个东方大国,

为了保障海上交通的安全，维护中国自身南部地区的安全，更为了明朝的稳定和发展，坚持奉行"内安华夏，外抚四夷，一视同仁，共享太平"的和平外交政策。郑和率领船队下西洋也运用和平的方式调解和缓和各国之间的矛盾，维护海上交通安全，而这也最终维护了中国的稳定和发展以及中国与周边国家的关系。

郑和作为和平使者出使西洋，在航行所到国家，他都能够很好地把中国和平友好的外交政策传递到海外各国。郑和下西洋的过程中，遇到事情尽量采用和平方式进行调节，消除了国家间的隔阂。郑和的这些做法促进了东南亚、南洋地区的稳定和海上的安全，并且实现了明朝的初衷推行和平外交，稳定国际秩序。所以，可以看出郑和的船队是一支拥有强大实力的船队，但它不是用于侵略扩张，而是用于实现和平。

在明朝初年的时候，为了加强北方地区的安全，明朝政府加强了北方屯田，从而不断地增强了北方军粮自给自足的能力，这样明朝初期的海航航运的负担就

减轻了很多。而且明朝进行各个方面的
整顿和建设，漕运开始实行"海陆兼运"
的政策，这样就有很大一批船只是闲置
的，而负责海运的士兵们的工作也相对
减轻。士兵无事可做，容易造成社会的动
荡不安，而郑和下西洋的远洋航行，需要
大量的海军，这样，不但达到了明成祖原
来的炫耀兵力强大，国家富强的目的，而
且对国内社会的安定也起到了一定的作
用。

（二）后期目的

此时明朝的社会已经发生了变化，郑和下西洋的目的自然随之发生了变化。这一时期的下西洋主要是为了发展友好的邦交，建立和平友好的睦邻关系，让海外的国家前来朝贡，进而达到经济目的。

大约在永乐十四年（1416年）郑和第四次下西洋的过程中，目的便发生了明显的变化。这时明成祖的统治地位已得到了巩固，社会安定、经济发展、百姓安居乐业。这时明朝努力发展对外友好关系，发展与亚非地区的友好邦交，目的是促进商贸往来，发展中国的海外贸易。根据资料记载，郑和的船队每到一个地方，都向当地国王、首领赠送很多金币，这种不计经济回报的做法，主要是为了建立友好的关系，史书上记载："宣德五年六月，帝以践祚岁久，而诸番国远者犹未朝贡，于是

和、景弘复命历忽鲁谟斯等十七国而还。"可以看出这一时期的政治目的还是主要的目的，但同时经济目的已经逐渐上升到与政治目的同等重要的地位。

发展对外贸易是郑和后期出使西洋的很重要的一个目的，在前三次航海过程中，由于关系到国家的政权巩固，所以政治目的很强，经济目的还没有被提到日程上。到了这一时期，很多政治目的都已经完成，此时发展商贸，开拓中国的海外贸易市场，发展沿海的贸易，已经成为势在必行的目的。

郑和下西洋开展了很多形式丰富的
贸易活动。其中有朝贡、官方贸易、民间
贸易等形式。朝贡作为一种重要的交往
方式，在郑和下西洋的过程中对明朝经
济产生了重要影响。这种贸易方式是在
郑和船队到达一个地方之后，以明朝皇
帝的名义向当地国王赐予他们带来的物
品，同时当地国王也会向郑和缴纳他们
的贡品，或者派遣使者前来明朝朝贡。当
时跟随船队来到明朝的还有航行所到国
家的朝贡使臣，在永乐二十年（1422年）
六月，郑和第六次下西洋返回来时，有暹
罗、苏门答腊、哈丹等国派遣使者随行前
来朝贡；第二年的九月，又有西洋、古里、
忽鲁谟斯、锡兰山、阿丹、祖法儿、剌撒、
不剌哇、苏门答腊、满剌加等
十六国派遣使者1200人来到
北京向明朝朝贡。史书记载明
成祖在接待朝贡使者时说道：
"其以土物来市者，官给钞酬

其值。"这句话就是说朝贡来的物品由官府来制定价格进行收购。官方贸易这种形式是明朝政府扩大海外贸易的一种非常重要的途径。郑和船队装载着大量的中国的特产物资，到海外适当地点换取所需要的物品。这种贸易有用物品换物品的，也有用钱币来购买物品的。还有一种民间贸易形式，这种形式也是郑和下西洋过程中产生的一种贸易形式，即直接由商人或民间个人与海外进行商品的交易买卖活动。在后几次郑和船队回国时，除了带回了很多进献给皇帝的珍珠玛瑙、奇禽异兽等国内没有的东西外，还在当地民间购买了香料、药材等在中国民间非常畅销的物品。这些都促进了民间商贸的发展，对当时明朝经济的发展起到了很大的促进作用。

总之，郑和下西洋是中国乃至世界历史上一个重大的事件，郑和的丰功伟绩永远留在了世界航海史册上。

郑和下西洋推进了华夏文明的传播，同时
也推进了世界航海事业的发展，这些都
已经超越了航海的本身意义，成为世界
航海史上浓墨重彩的一笔。

四、郑和下西洋的历程

从1405年到1433年的几十年时间里，郑和先后七次下西洋，共访问了三十多个国家，加强了中国人民与亚非人民的友好关系，在造船、航海等很多方面表现出了中国人民的高超技艺，同时也说明了中国当时在全世界的航海事业中的领先地位，充分展现了中国作为一个封建大一统国家在政治经济文化上所取得的成就。郑和七下西洋的最后一次是在1433年，

这比世界著名的航海家迪亚士到达非洲南端的好望角、哥伦布到达美洲大陆、达·伽马沿非洲西岸绕过好望角到达印度的时间,都早了约半个世纪。郑和下西洋是世界航海史上的一次壮举,同时也代表了当时世界航海事业的最高峰。

(一) 第一次下西洋

永乐四年(1406年)六月,郑和第一次下西洋,到达了今天爪哇岛的麻喏八歇国。爪哇岛(今天南洋的要冲)人口稠密,拥有丰富的物产，而且商业也十分发达。

麻喏八歇国当时有东王和西王两王，在郑和下西洋经过此地时，两王正在打内战。由于东王战败，他的属地就归西王所有。郑和的船员在当地的集市上做生意，被误认为是东王的残余军队，于是就被杀死了一百七十名船员。当郑和及随船的军官得知情况后，随船军官都要求郑和和西王作战到底，为死去的船员报仇。经过这次事件，西王知道真相后也非常惧怕，于是派使者谢罪，答应赔偿六万两黄金。郑和冷静地分析情况后，权衡利弊，在请示了明成祖之后，和平处理了此事。西王通过这件事也看到了明王朝的大国风范，非常感动，

从此两国就和睦相处了。

郑和的船队被认为是当时世界上最强大的船队，但郑和七下西洋的过程中，真正意义上的对外战争仅就对锡兰（今斯里兰卡）一次而已，而且是在被迫无奈的情况下进行的自卫性的作战。郑和的这些举动充分体现了郑和的和平使者的角色，他在不断传播着"以和为贵""四海一家""天下为公"等中华文明理念。

（二）第二次下西洋

永乐五年九月十三日（1407年10月13日），郑和回国后时隔不久，又立即进行了第二次远航准备。这次航行到达的国家有占城、渤尼（今文莱）、暹罗（今泰国）、真腊（今柬埔寨）、爪哇、满刺加、锡兰、柯枝、古里等。当船队到达锡兰时，郑和船队向当地佛寺布施了金、银、丝绢、香油等。

永乐七年二月初一（1409年2月15日），郑和还与王景弘立了《布施锡兰山佛寺碑》，这座寺碑记述了船队所施的物品。这块寺碑现在还保存在科伦坡博物馆里。郑和的第二次航行在

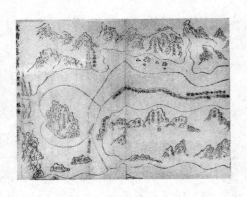

1409年回国。

（三）第三次下西洋

郑和第三次下西洋是在永乐七年九月（1409年10月）。这次，船队是从太仓刘家港起航的，在十一月的时候到达了福建长乐太平港驻泊伺风，同年十二月又从福建五虎门出发顺着风势经过十个昼夜的航行到达了占城。在到达这里以后，郑和又派出一支船队离开占城到达了暹罗。然后，郑和的大部分人员跟随船队离开占城航向真腊，紧接着又到达了爪哇、淡马锡（今新加坡、满剌加）。郑和把满剌加这个地方当做船队往返中的一个中介地，并在这里建造了仓库，用于存放下西洋途中所需要的钱财和货物，以便给返回到这里的船只使用。郑和船队从满刺加开航，经阿鲁、苏门答腊、南巫里来到锡兰。在这里，郑和又另外派出一支船队到达加异勒（今印度半岛南端东岸）、阿拔巴丹和甘巴里。郑和则亲率船队前往小葛兰、柯枝，最后抵达古里。郑和将船队分成几支，分别派往不同的国家访问，节省了大量时间和费用，提高了航行的效率。郑和在永乐九年六月十六日（1411年7月6日）回到了祖国。

（四）第四次下西洋

这次航行是更大规模的一次航海活动。在永乐十年十一

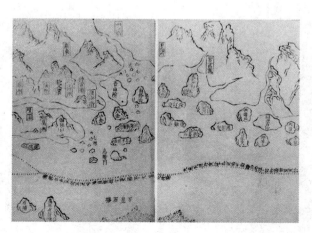

月十五日（1412年12月18日），朝廷令郑和组织船队，准备在永乐十一年（1413年）冬季开始第四次航海活动。此次航行，首先到达了占城，后来又到达了爪哇、旧港、满剌加、阿鲁、苏门答腊等地。从这里郑和又派分船队到溜山（今马尔代夫群岛），而大船队则从苏门答腊驶向锡兰。在锡兰，郑和再次派分船队到加异勒，而大船队驶向古里，再经过古里直接航行到忽鲁谟斯（今伊朗波斯湾口的阿巴斯港格什姆岛）。这里是当时东西方进行商贸往来的一个重要地方。郑和船队由此起航回国，途经溜山国。后来郑和船队把溜山国当做了渡过印度洋驶往东非各国的一个中转站。这次航行的规模非常大，据记载，这次远航人数达到了27670余人，而且郑和船队的这次航行横跨了印度洋，最远到达了波斯湾。

（五）第五次下西洋

永乐十四年十二月十日（1416年12月28日），郑和组织了第五次航行，这次航海的使命是护送"十九国"的大使回到自己的国家。郑和的船队在永

乐十五年五月（1417年）冬季远航时，首先到达了多次航海都经过的占城，然后到达爪哇、彭亨、旧港、满剌加、苏门答腊、南巫里、锡兰、沙里湾尼（今印度半岛南端东海岸）、柯枝、古里。船队到达锡兰时，郑和派出一支船队驶往溜山，然后从溜山向西行驶到达了非洲东海岸的木骨都束（今索马里摩加迪沙）、不剌哇（今索马里境内）、麻林（今肯尼亚马林迪）。大船队到古里后又分成两支，一支船队前往阿拉伯半岛的祖法儿、阿丹和

剌撒（今也门民主共和国境内），另一支
船队直接前往忽鲁谟斯。这次航行，郑和
完成了明朝廷派给他的任务。永乐十七
年七月十七日（1419年8月8日），郑和的船
队回到了祖国。

（六）第六次下西洋

永乐十九年正月三十日（1421年3月
3日），明成祖派遣郑和完成第六次航行
的主要目的是护送来明朝拜访的十六国
使臣回到自己的国家。这次船队的航行
是要赶上东北季风，这样有利于船队顺
利的航行。于是为了赶上东北季风，郑和
很快就出发了。郑和的这
次航行到达的国家及地
区有占城、暹罗、忽鲁谟
斯、阿丹、祖法儿、剌撒、
不剌哇、木骨都束、竹步
（今索马里朱巴河）、麻

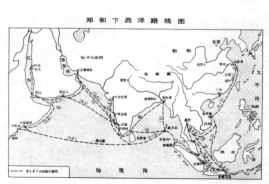

郑和下西洋路线图

林、古里、柯枝、加异勒、锡兰山、溜山、南巫里、苏门答腊、阿鲁、满剌加、甘巴里、幔八萨（今肯尼亚的蒙巴萨）等，在完成了本次航海任务之后，郑和率领船队在永乐二十年八月十八日（1422年9月3日）回到了祖国。这次跟随郑和来访问的有暹罗、苏门答腊和阿丹等国家的使臣。

（七）第七次下西洋

郑和第七次下西洋是奉明宣宗朱瞻基的派遣。宣德五年十二月初六，船队从龙湾（今南京下关）起航，在2月3日船队聚集到了刘家港。在刘家港，郑和等人立下了《娄东刘家港天妃宫石刻通番事绩碑》这一石碑，当船队到达福建长乐太平港的时候，郑和又在南山三峰塔寺立了《天妃灵应之记》石碑。这两块石碑记录了郑和船队前六次航海活动的全部历程，是非常具有纪念意义的。船队在明朝宣德六年十二月九日从五虎门出洋，这次航行经占城、爪哇的苏鲁马益、苏门答腊、古里、竹步，再向南行驶到达了非洲南端接近莫桑比克海峡，完成了这些地方的航行后船队开始返航。这是郑和船队的最后一次航行，在船队航行到达古里附近的时候，郑和因为劳累过度，一病不起。宣德八年（1433年），在

印度西海岸的古里，郑和这位一生航海七次，到达三十多个国家和地区，为中国乃至世界航海事业作出卓越贡献的伟人离开了人世。此时的船队由王景弘率领返回了太仓刘家港。宣德八年七月初六（1433年7月22日），郑和船队到达了南京。

郑和的七下西洋可以说是揭开了世界大航海时代的序幕，同时也成为中国

与海外国家紧密交流的象征。郑和以多
元的宗教文化为导向，打开了通往东南
亚的海上丝绸之路，从此将中国的航海
事业记录在了世界航海史之中。今天，海
内外的很多专家学者都在研究郑和下西
洋的功绩，探讨他这一航海举措的巨大
贡献。其中，中国科学院海洋研究所研
究员郑一钧在主题为《人类历史转轨时
期伟大的和平实践》报告中提出，1405
年郑和第一次下西洋的意义非凡，这次
航海揭开了世界性大航海活动的序幕。
他认为这是世界性大航海时代的到来，
加强了东西方的交流和
联系，逐渐打破了东西
方之间、各大洲不同地
区之间相对封闭隔绝的
状态。对人类社会和东
西方的关系产生了深远
的、积极的影响。

　　郑和航海的壮举使

得大批中国人走出了国门，了解了世界，开阔了眼界。郑和的航海活动谱写了15世纪人类文明历史上的壮丽篇章，可以说是世界航海史上的空前壮举。郑和下西洋的意义还在于他让西方的文明来到了中国，同时也激起了西方航海家的航海活动，在一定程度上促进了世界经济文化的交流与繁荣。

郑和的一生是辉煌的一生，他用尽毕生的精力来完成航海事业，虽然郑和在第七次航海中永远地离开了我们，但郑和的丰功伟绩却永远留在人们心中。在今天，仍然有许多人在纪念郑和，纪念这位中国航海历史上的英雄。

五、郑和下西洋的航海装备与技术

（一）航海装备

据《明史·郑和传》记载，郑和航海宝船共63艘，最大的长四十四丈四尺，宽十八丈，是当时世界上最大的海船，折合现今长度为151.18米，宽61.6米。船有四层，船上9桅可挂12张帆，锚重有几千斤，要动用二百人才能起航，一艘船可容纳千人。《明史·兵志》又记："宝船高大如

楼，底尖上阔，可容千人。"

　　在郑和下西洋的船队中，有五种类型的船舶。第一种类型叫"宝船"。最大的宝船长四十四丈四尺，宽十八丈，载重量八百吨。这种船可容纳上千人，是当时世界上最大的船只。它的体式巍然，巨无匹敌。它的铁舵，须有二三百人才能举动。第二种叫"马船"，长三十七丈，宽十五丈。第三种叫"粮船"，长二十八丈，宽十二丈。第四种叫"坐船"，长二十四

丈，宽九丈四尺。第五种叫"战船"，长
十八丈，宽六丈八尺。可见，郑和所率领
船队的船只，有的用于载货，有的用于运
粮，有的用于作战，有的用于居住，分工
细致，种类较多。我们可以说，郑和的船
队是一支以宝船为主体，配合以协助船只
组成的规模宏大的船队。对于郑和宝船，
肯定派认为《明史》的描述基本上正确，
理由为：南京静海寺郑和残碑所记"两千
料海船"，不是"宝船"，而是较小的"作
战船"；对南京郑和
造船厂进行考古，发
掘出一根约15米长的
舵，和《明史》所述宝
船大小相符；南京郑
和造船厂的船坞宽20
丈；伊本·白图泰（Ibn
Battuta）（1304–1377
年）游记中记载有中
国巨大的12张帆可载

千人的海船。质疑派认为木材强度有限，过大的船体无法保证水密性，难以做长时间的航行。根据南京静海寺郑和所立残碑记载，郑和首次出海宝船为"两千料"，根据他们的推论，折合后长约为十五到二十丈，宽六到八丈左右，载重量约为五千吨。至今未有人复制出能进行实际航行的四十四丈"宝船"。目前复制中的宝船多采用质疑派的说法。即便采用质疑派的说法，郑和宝船仍是当时世界首屈一指的巨型船舶。

（二）航海技术

根据《郑和航海图》，郑和航海使用海道针经（24/48方位指南针导航）结合过洋牵星术(天文导航)，在当时是最先进的航海导航技术。郑和的船队，白天用指南针导航，夜间则用观看星斗和水罗盘定向的方法保持航向。由于对船上储存淡水、船的稳定性、抗沉性等问题都作了合理解决，故郑和的船队能够在"洪涛接天，巨浪如山"的险恶条件下，"云帆高张，昼夜星驰"，很少发生意外事故。白天以约定方式悬挂和挥舞各色旗带，组成相应旗语。夜晚以灯笼反

映航行时情况，遇到能见度差的雾天雨天，配有铜锣、喇叭和螺号。郑和下西洋的航海技术，主要表现在三个方面:1.天文航海技术。中国很早就可以通过观测日月星辰测定方位和船舶航行的位置，郑和船队已经把航海天文定位与导航罗盘的应用结合起来，提高了测定船位和航向的精确度，人们称"牵星术"。用"牵星板"观测定位的方法测定天的高度，判断船舶位置、方向，确定航线。这项技术代表了那个时代天文导航的世界先进水平。2.地文航海技术。它是以海洋科学知识和航海图为依据，运用航海罗盘、计程仪、测深仪等航海仪器，按照海图、针路簿记载来保证船舶的航行路线。

航行时确定航行的线路，叫做针路，罗盘的误差不超过2.5度。

3.《郑和航海图》。《郑和航海图》得以传世，幸亏明代晚期作者茅元仪将其收录在《武备志》中。原图呈一字形长卷,收入《武备志》时改为书本式,自右而左,有图20页,共40幅,最后附"过洋牵星图"二幅。海图中记载了530多个地名,其中外域地名有300个,最远的东非海岸有16个,标出了城市、岛屿、航海标志、滩、礁、山脉和航路等。其中明确标有南沙群岛(万生石塘屿)、西沙群岛(石塘)、中沙群岛(石星石塘)。《郑和航海图》是世界上现存最早的航海图集,与同时期西方最有代表性的《波特兰海图》相比,《郑和航海图》制图的范围广,内容丰富,虽然数学精度较其低,但实用性胜过《波特兰海图》。英国李约瑟在《中国科技史》一书中指出:关于中国航海图的精确性问题,米尔斯(Mills)和布莱格登(Blagdon)曾作了详细的研究,他们二人都很熟悉整

个马来半岛的海岸线,而他们对中国航海图的精确性作出了很高的评价。郑和下西洋折射出的中国先进航海科技光辉,表现了中国古代人的伟大智慧,从而创造了郑和下西洋的伟大航程。

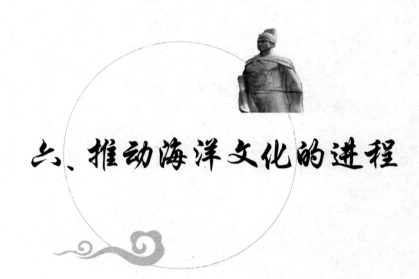

六、推动海洋文化的进程

　　"郑和出使西洋, 揭开了世界大航海时代的序幕", "郑和下西洋, 是传播文化理念的'香料之旅', 意义比丝绸之路更为深远", 这些都是来自于国内外的专家学者对郑和下西洋的评价。郑和下西洋对中国文明的传播, 对世界的贡献是巨大的。今天我们更是用各种各样的方式来纪念着这位伟大的历史人物, 同时也在不断弘扬郑和下西洋时所表现出的中

华民族热爱和平、睦邻友好、自强不息的优良传统。郑和下西洋，在很多方面都产生了积极的作用，郑和航海的过程，也是中国海洋意识逐渐启蒙的过程。

（一）中国海洋文化的开始

早在唐汉时期，中国的海洋文化就已经开始崭露头角了。我国古代人民富有勤劳勇敢的精神，在长期的航海实践中总结了宝贵的经验，形成了早期的海洋文化。

早在两千多年前，汉武帝派遣张骞

出使西域时,从这条路线上的大夏(今阿富汗)看到了蜀布、筇竹杖,而且还了解到了经由海上可以从我国前往印度。了解了这一情况后,汉武帝就开始派使者从徐闻、合浦出发,沿海岸航行,经过中南半岛到达南印度的康契普腊姆,这样就开辟了与东南亚、印度的海上交通之路,这也就是著名的"海上丝绸之路"。到了唐代,自从751年安西节度使高仙芝在与阿拉伯军队的作战中失败以后,陆路丝绸之路就被阻断了,因此发展海上丝绸之路势在必行。此时的唐朝政府开始逐渐将贸易重心转向了海外。到了南宋时期,政府非常重视海外贸易所带来的税收。这时的对外政策是鼓励私人贸易商出海进行贸易往来。到了元代,海外贸易开展得如火如荼。当时的泉州是世界上最大的港口之一,由此可以看出中国海外贸易的发展是非

常繁盛的。而这也说明郑和下西洋的壮举并不是偶然现象，它是中国封建社会经济发展到一定高度的产物。

（二）海洋文化的发展

郑和七下西洋掌握了很多和海洋有关的科学技术，并为以后的航海事业打下了良好的基础，同时也推动了世界航海技术的发展。

郑和在下西洋的过程中，拥有成熟的航海技术，在海上能够根据情况的变化，利用自己掌握的航海知识及在航海中获得的实践经验来解决问题，这些都是郑和在航海事业上取得的巨大成就。

每次出航前，郑和都要根据季风的日期来决定航海的时间。此外，郑和还使用科学的方法测定船位。郑和船队一般采用测深定位、对景定位和天文定位这三种测定船位的方法。总之，郑和的航海活动促进了科学技术的快速发展，同时也推动了海洋文化的发展。

在郑和下西洋之后，中国的海洋文化开始发展起来。在之后的几百年中，中国的海外贸易不断发展，海洋文化也发展到了一定的高度。我国东南沿海一带，由于受山多田少等地理条件的影响，人们就以捕鱼和海外贸易为生，这样，就逐渐形成了一种"利商舶，轻远游""恬波涛而轻生死"的海洋文化。在明朝实行海禁期间，仍然有许多商人不顾危险出海进行海外贸易。在嘉靖二十三年（1544年）十二月至嘉靖二十六年（1547年）三月的两年多时间里，到日本从事走私贸易却因为风向漂到朝鲜并被解送回国的福建人就达千人以上。万历四十年（1612年），根据明朝兵部的统计，当时前往日本进行走私贸易的福建海商大概有上万人。正是东南沿海人民的这种远洋精神使得明朝政府不得不采取开放海外贸易的措施，在1567年在福建漳州海澄月港的部分地方解除了海上禁令，准许私人海外贸易商人在缴纳一定的税后可以到海外进行贸易。当时东亚海域的商贸竞争是非常激烈的，而在数以百计的中国商船来到海外时，他们凭借机敏的商业头脑和丰富的贸易经验立于不败之地。海外各国商人都对中国沿海的经营海外贸易的商人刮目相看，这也充分肯定了他们到海外进行贸易的能力，如西班牙的商贸船贸易就离不开中国商人的货物。他们还经常把中国的载货船称为"中国船"；在南美，他们还把转运中国货物的主要道路命名为"中国路"。

中国的商贸往来使得世界各国的钱财源源不断地涌入中国，当时的中国成了东亚海域的贸易中心。德国著名经济学家贡德·弗兰克在其著作《白银资本》中这样评价："作为中央之国的中国，不仅是东亚朝贡贸易体系的中心，而且在整个世界经济中即使不是中心，也占据支配地位。"以上这些都说明了16世纪在中国东南沿海一带不仅产生了海洋文化，而且这种海洋文化已经有了一定的发展。中国当时的这种海洋文化不是农业海洋文化，而是一种可以与西方海洋文化相提并论的开放性的商业海洋文化。

（三）海洋意识、海权思想，和平友好的外交政策。

一个民族海洋意识的形成是与一个民族海洋文化的发展息息相关的。郑和七下西洋的壮举是与他当时接受的教育以及他在实践中形成的海洋意识、海权思想分不开的。法国学者在《海外华人》一书中，记录了关于郑和劝谏皇帝保留船队的话语："欲国家富强，不可置海洋于不顾，财富取之于海，危险亦来自于海上……一旦他国之君夺得南洋，华夏危矣。我国船队战无不胜，可用之扩大经商，制服异域，使其不敢觊觎南洋也。"以上记载表明了郑和拥有十分明确的海洋意识和海权思想。而且明成祖当时宣扬的对外政策"宣德化而柔远人"就是要将中华文化传播到海外，同时要保持同海外各国的睦邻友好、不穷兵黩武的关系。郑和在七下西洋的过程中严格遵守并执行了这样的对外政策。郑和在七次下西洋的过程中每次遇到问题，都会按照这种对外政策来处理，他能妥当地调解纠纷，增进两国的友谊；能够克制忍让，化干戈为玉帛；能够乐善好施，联络感情。在郑和第一次下西洋的过程中，遇到爪哇的西王残杀一百七十名船员的事件时，就始终坚持了明朝的外交政策。郑和的容忍、大明王朝的宽厚博大在爪哇人民的心中留下了深刻的印象，使得第一次出海成为名副其实的和平之旅。

郑和在下西洋的过程中，一遇到争端都尽量使用和平友好的方式加以解决，但也出现过运用武力解决问题的实例。郑和运用军事行动来解决争端只是一种偶然的现象，他在整个航海过程中始终坚

持的都是和平、开放的外交政策。而且在所到达的国家不仅得到了当地政府的支持，还受到当地人民的热情欢迎和赞赏。郑和所做的一切，给中国和东南亚各国带来巨大的收益。据历史记载，在明成祖统治的二十一年中，与郑和下西洋有关的亚非之间各国的来访达到了三百一十八次之多。而且很多国家的国王还亲自率领使臣来进行访问，其中有渤尼（今文莱）、满加剌、苏禄（今菲律宾苏禄群岛）、古麻剌朗（今菲律宾棉兰老岛）四个国家。

七、促进周边文化的发展

郑和下西洋对东西方文化交流的贡献是非常大的，澳大利亚悉尼大学海洋科技系教授琼斯把郑和下西洋传播东方文化的旅程称为传播文化理念的"香料之旅"。因为郑和下西洋时从明朝带去了很多陶瓷、丝绸、钱币等物品，这些东西也受到了东南亚各国人民的欢迎；而郑和也带回了南洋各地的特产香料、染料等，这些也是当时国内没有且是十分需

要的，这种各取所需的做法，使得郑和的远航彰显了其重要性。郑和的远航固然有其贸易上的贡献，但很多专家认为，郑和的远航在文化交流方面的意义也是非常深远的，称其比穿越中亚的丝绸之路影响更为深远。郑和所到达的地方，都会立下石碑作为纪念。郑和下西洋不但使中国的文化传播到了海外，也使得西洋的文化大量传入中国，这些都是郑和下西洋对世界文化作出的伟大贡献。

（一）广泛传播了妈祖文化

郑和下西洋扩大了中国和亚非地区一些国家的文化

交流，也推动了语言学的发展，而且使妈祖文化得到了广泛的传播和发展。

郑和下西洋在语言学的传播发展方面作出了卓越的贡献。郑和下西洋留下的文学作品有马欢的《瀛涯胜览》、费信的《星槎胜览》、巩珍的《西洋番国志》、罗懋登的《三宝太监下西洋记》等。前三本是郑和的属下根据航海过程中的亲身经历写成的，具有很高的文学、地理、历史价值。郑和在下西洋的过程中，需要进行大量的对外交流，其中语言方面的交流是非常主要的，因此就需要大批外语方面的人才，所以明朝政府当时设立了四夷馆，教授学员学习外语，培养了大量外语方面的人才。同时，明朝政府还设有接待外宾的会同馆，会同馆下设有朝鲜、日本、

安南、暹罗、鞑靼、满加刺、畏兀儿、琉球等国的会馆。各会馆中，由专门精通外语的人员负责接待。明朝政府为了让学员学习语言，还专门编写了《华夷译语》作为教材（《华夷译语》现流传于海外，收藏在伦敦大不列颠博物馆、德国柏林图书馆、日本东洋文库等）。这不仅促进了中国人学习外语，也方便外国人学习汉语、了解中国文化，加强了双边的交流与合作。

郑和下西洋对妈祖文化的发展也是有很深的影响的，这一时期妈祖文化开始广泛传播。妈祖原名为林默娘，是福建莆田湄洲屿人，由于她一生在海上济危救难，死后被渔民和航海者奉为保护神。妈祖文化产生于宋代雍熙年间，郑和非常崇拜妈祖，他在下西洋时将妈祖这种信仰广泛传播到了国外，并且在福建为妈祖立了碑建了庙宇。

在航海技术日益完善之后，此时妈

祖保护神的作用也相对减小，但是妈祖文化却流传了下来。妈祖文化源于妈祖信仰，但又不完全等同于妈祖信仰，妈祖文化有精神力量的一面，又有社会经济、文化的层面。妈祖文化的精神内涵也处在不断的改造和不断丰富的过程之中，并且拥有了儒释道的含义，这些都是具有积极意义的，推动着经济、文化活动的发展及社会的进步。

历史上有不少码头、会馆、城市的兴起是与妈祖文化密不可分的，而且郑和下西洋取得的一些成就也与妈祖文化分不开。很多地方的经济活动、集市等都与妈祖文化相连，而且还带动了该地区经济、

文化、旅游事业的发展。据不完全统计，现在世界上有26个国家和地区大概拥有1516座妈祖庙，台湾每年都有成千上万人来到福建湄洲朝拜妈祖，妈祖文化在今天已经产生了非常深远的影响。郑和下西洋的成功，推动了妈祖文化的发展。

（二）郑和下西洋与马六甲的变迁

当我们追昔抚今、展望未来的时候，眼前不禁浮现出六百年前郑和率领的船队行驶于海上的那一幕情景。郑和七下西洋率领的庞大船队历时二十八年之久、经过三十多个国家和地区，展开了世界航海史上、外交史上、贸易史上一次波澜壮阔的伟大航行。郑和和他的船队所到之处带去的文明与作出的贡献，到了今天仍被世人广为传颂。特别是在东南亚，郑和的名字始终与马六甲紧紧地连在一起，已成为中国与马六甲沿岸地区人民睦邻友好关系的一个象征。今天，世界发展的主题就是

和平，而当我们以人类发展的大视野来看待六百年前的这段历史时，不可否认当时的中国无时无刻不在传递着和平的信息，郑和也可以称之为"和平使者"。

中国和马六甲的关系可以追溯到汉代，根据中国史书《汉书·地理志》的记载，早在1世纪，中国汉代的商人就曾来到过马六甲地区的皮宗，和当地的人民建立了良好的关系。在中国典籍中也记载了"满剌加"就是现在的"马六甲"，而皮宗，根据日本历史学家藤田丰八的考证，是今天的苏门答腊和新加坡之间的皮声岛（印度尼西亚语意为香蕉岛），在《郑和航海图》中用"毗宗"来记录。还有一些考古学家对爪哇、苏门答腊和加里曼丹这几个地方出土的中国汉朝的陶器进行了研究，得出了中国人在汉代就已经与马六甲海峡的商人进行贸易的观点。从此以后，中国的海外贸易大多是与南洋的很多国家进行的。这方面的文献记载也有许多被保存下来，印度尼西亚史学家阿明巴尼在其著作《南亚的印度尼西亚》一书中提到："自古以来中国对南洋诸国和睦亲善，经常邀请南洋各国人民到中国访问。"在经济交流的同时，文化方面也在不断地进行着交流。唐朝时中国就有高僧前往东南亚的佛学研究中心学习梵文、研究佛学。根据资料记载，唐朝时在印度尼西亚研究佛经的和尚达到了二十多人。中国人也有一些移民到东南亚一些国家，这段历史可

以追溯到14世纪。在15世纪初期的时候，开始在马六甲建立商馆、货栈等便于商贸往来的场所。

由于郑和七下西洋的远洋航海活动，使得明朝成为中国古代历朝中海外使者前来朝拜次数最多的一朝。明朝永乐年间在经济、政治、文化等许多方面都是遥遥领先于当时世界上其他国家的，尤其是在造船技术和航海技术方面，这就为郑和能够成功地进行航海活动打下了坚实的基础。明朝的远洋航海活动马六甲成了必经之路，早在永乐元年（1403年）尹庆就被派往到马六甲拜访，到郑和七下西洋的时候，也经过这里。有关资料记载15世纪的马六甲是受到过外部侵犯的，为此还向中国明朝政府进行求助。在郑和下西洋经过马六甲的时候，也曾帮助这里肃清海盗，使得马六甲与邻邦成为和平共处的友邦。

在郑和第二次下西洋的时候，促成了马六甲的拜里米苏剌苏丹受册封为王，从此中国与马六甲也建立了友好的外交关系。马六甲也是从这以后开始繁荣起来的，港口成了当时东西方贸易活动的中心。马六甲的国王曾经多次来到中国进行访问，加深了两国的友谊。澳大利亚著名的印度尼西亚历史学家梅·加·李克莱弗斯在他

1981年出版的《印度尼西亚历史》中写道："从一开始马六甲的主要威胁是暹罗，但是早在1405年马六甲就寻求和得到中国的保护。从此马六甲屡遣使团访问中国，头三个国王本人亲自参加这些使团。而明朝海军将领郑和率领的庞大的中国舰队对马六甲的访问，持续到1434年。中国明朝的保护，促进了马六甲地位的巩固。"马六甲的繁盛与中国是密不可分的，也是中国外交史上和平外交的产物。

郑和下西洋不仅对中国和东南亚国家产生了深远的影响，而且还对东西方之间的海上贸易通道的畅通作出了巨大的贡献。15世纪的西方正值文艺复兴之后，而当时的明朝也可以称为强盛的经济

大国,无论是在经济、政治还是科技方面都取得了很大的进步。随着世界经济、生产力的发展,打破地域的局限性、开辟海外科技文化交流的新通道已成为时代的要求,因此海上交通慢慢取代陆上交通已成为商贸交流的主要线路。中国的郑和下西洋应运而出,适应了时代的要求。

中国明朝政府坚持睦邻友好、互利共赢的外交政策,而这时一些西方国家在走殖民掠夺的道路。西方殖民的迅速扩张是在为自己国家积聚财富,而明朝派遣郑和下西洋是在推动东西方海外贸易和经济繁荣,并且促成了马六甲和东南亚地区长达一百多年的繁盛。

郑和下西洋推动了官方贸易和民间

贸易的兴盛。郑和在七下西洋的过程中，在东南亚等地曾经设立了商馆，一处是在苏门答腊北部的须文答腊，另一处是在马六甲。郑和的船队给马六甲带去了非常多的商贸机会，也使得当地的繁荣引起世人的瞩目。根据跟随郑和三次下西洋的马欢在《瀛涯胜览》中的记载，马六甲是非常重要的一处商馆，他在记载中提到：

"凡中国宝船到彼，则立排栅，如城垣。设四门更鼓楼，夜则提铃巡警。内又立重栅，如小城，盖造库藏仓厫，一应钱粮，顿在其内。去各国船只，回到此处取齐，打整番货，装载船内，等候南风正顺，于五月中旬开洋回还。"这些记载足以见得当时马六甲贸易的繁盛景象。郑和下西洋还与很多国家建立了睦邻友好关系，在下西洋所到

之处秉承着促进当地经贸发展、积极开展睦邻友好关系的外交政策，采取了"厚往薄来怀柔远人""外抚四夷"等"靖海"方略，期盼同海外各国"共享太平之福"。

郑和船队到达马六甲地区，不仅是传递和平信息的使者，还肩负着人类文明传播的任务。郑和下西洋使中国成为海上丝绸之路的主角，大量外来文化也随之传入中国、与中华文化结合在一起，同时中国的古代文明也大量远播海外。郑和所率领的船队，通过商贸交流、树碑撰文、无偿赠予等多种方式，广泛传播了中华文化和艺术，带去了包括农业技术、

纺织技术、建筑雕刻技术，特别是航海和造船技术等在内的许多先进技术和手工艺品，促进了马六甲地区科学文化技术的兴盛。尤为突出的是对马六甲地区各民族的和谐共存作出了非常大的贡献。同时，他也从海外引进了各种珍稀的动植物和名贵药材以及香料等国内没有的物品，了解了所经国家的风土人情和文化艺术。郑和船队所做的这一切都促进了当时马六甲地区的经济、社会、文化等多方面的繁荣与发展。

(三) 巴厘岛的繁荣

　　美丽的巴厘岛是今天人们旅游休闲的好去处，它给全世界的游人带来了身心的享受。这个小岛独特民俗文化的形成与六百年前我国历史上伟大的航海家郑和有着非常紧密的联系。

　　在方圆五百平方公里的巴厘岛民族村，除了用印尼文字书写的标牌和当地独特的民俗风情以外，那古色古香的民宅，大街两旁的石雕、木雕、家具、瓷器、织衣、绘画等店铺都与我国的古城苏州和太仓非常相像，而这里正是郑和下西洋时出

发的地方。

在巴厘岛的民族村中，大部分建筑都呈中国明代的佛教建筑风格，庙宇、房屋皆雕梁画栋。从这些建筑和当地店铺卖的古物中，依稀可以看到郑和当年率领船队来到此地的情景。郑和七下西洋把中国的佛教建筑艺术传播到了印尼，不仅印尼三宝垄的民宅有不少是中国明式风格，而且在今天的巴厘岛也同样存在着鲜明的中国明代文化。郑和下西洋把中国的"建筑文化""陶瓷文化""丝绸文化"广泛地传播到了亚非各国，六百年来影响着一代又一代的巴厘岛人。

郑和下西洋给蜡染村带去了中国的丝绸，而且还教会了他们纺织和印染的技术，在这里常常有身穿蓝色印花布的印尼人接待各地来旅游的客人。这种服装与我国江苏甪直古镇的水乡服饰非常相似。在巴厘岛第二大根雕馆，收藏着很多与中国文化相关的艺术珍品。郑和当年来到这里，把佛教文化也传播到了这里，我们今天可以在这个根雕馆中看到如来佛、观世音等佛像根雕。除了这些根雕以外，苏州的花窗、檀香木、用中国古铜钱做成的佛像、身上雕有中国古铜钱的青蛙以及"年年有鱼"等工艺品在这里的很多地方都可以看到。

郑和下西洋给巴厘岛人民带来了很多制作工艺品的技术，在民族村的石雕馆、藤条编制的作坊里，都可以看到工匠们在用郑和下西洋时传来的技术在编制物品。而且巴厘岛民族村中的很多家具工艺也是郑和

下西洋时传来的。今天，这里明朝样式的家具主要出口日本等地。中国的金银饰品，随着郑和下西洋赠送给了所到国家的君主，这样，银饰工艺品也流传到了印尼民间。在巴厘岛民俗村的银饰博览馆，有中国最具代表性的龙、苏扇和各种有中国文化特色的银饰品，而且这里还收藏了用银制品制作成的郑和下西洋时的宝船，制作工艺非常精美，让我们不禁赞叹这里人民的勤劳与智慧。

郑和下西洋开通了东西方的海上贸易通道，给所到国家带去了中华文明，给印尼的巴厘岛带来了繁荣，这里的人们掌握了中国很多艺术品制作的工艺。巴厘岛人民对郑和充满了崇敬之情，也对中国人民充满了友好的情谊。

（四）促使华侨下南洋

郑和下西洋以后，使得中国华侨的发展进入了一个新的历史阶段。郑和下西洋打开了通往东南亚各地的海上交通之路，树立起了中国在海外的威望，这些都为当时的中国人去往东南亚各国创造了非常有利的条件。在这样的情况下，很多中国沿海的居民远渡重洋，发展海外商贸，很多当时到了东南亚的中国人就定居在那里，成为了华侨。从郑和下西洋以后，海外华侨的人数急剧增加。

在16世纪的时候，很多中

国人移居到了泰国，在那里形成了一定的规模，当地就把华侨聚居的地方称为"奶街"，相当于世界各地的"唐人街"。华人移居泰国后，在这块人们称之为"黄金半岛"的沃土上，辛勤劳作、艰苦创业，创下了一个又一个的辉煌业绩，同时得到了广大泰国人民的赞赏。直到今天，中国的很多文化仍然通过各种方式传播到泰国，中国每年还派往泰国很多教授汉语和中国文化的教师，这些都加强了中泰两国的文化交流。

华人大规模地移居南洋，带去了当时较为先进的生产工具和生产技术，他们与当地人一起，共同努力，为当地社会经济的发展和人民生活水平的提高作出了非常大的贡献。今天，侨居在泰国的华人非常多，而且有很大一部分已成为了华裔泰国人。

郑和下西洋之所以促成华人大规模移居到南洋，是因为郑和下西洋过程中展现了中华民族的强盛国力，展现了中华民族礼仪之邦的形象，这样就把迁居到海外的很多华侨和祖国紧密地连接在一起。从此，海外华侨感到有了强大的依靠，使得海外华侨在相当长的历史阶段免于遭受外国的欺凌，可以顺利发展事业，组建家庭。在东南亚一带，至今仍保留着许多与郑和相关的遗迹，当地的华侨对郑和下西洋都引以为豪，郑和的光辉形象在华侨们心中永远是那么高大。

八、纪念郑和

郑和的一生奉献给了中国的航海事业，同时也为世界的航海、世界文明的传播作出了巨大的贡献。当历史的车轮辗出一道又一道痕迹的时候，六百年前的这一道印在了人们心中，永远都不能抹去。今天，人们用各种各样的方式纪念着郑和的丰功伟绩。

（一）郑和墓

在江苏省南京市江宁区谷里乡周昉村牛首山南麓，建有一座南北长300米，东西宽60米，高约8米的郑和墓。因为郑和信奉伊斯兰教，所以郑和墓的修建风格是伊斯兰风格，整个墓的形状是"回"字形。在郑和墓的前面有四组7层高的28级台阶，这寓意着郑和七次下西洋，历时二十八年。1985年，为了纪念郑和首航580周年，南京市人民政府决定重新修建郑和墓，并且要建碑立亭。新建的郑和墓顶部是用青石建造的塔式墓盖，并且镌刻有阿拉伯文"泰斯米叶"。墓后脑墙上镶有大理石，上刻"明郑和墓"四个喷金大字。现在，这里已成为江苏省重点文物保护单位，每年吸引着海内外成千上万的游人前来参观。

（二）郑和铜钟

在福建省南平市文化馆收藏有一口大铜钟，这口钟是郑和在明朝宣德六年（1431年）祈祷船队能够平安顺利下西洋时所铸的一口双龙纹铜钟，上面刻有"永远长生供养，祈保西洋往回平安，吉祥如意者。大明宣德六年岁次辛亥仲夏吉日，太监郑和，王景弘同官军人等，发心铸造铜钟一口"的铭文。今天，来此地的人们都会想起这位功勋卓越的历史伟人。

（三）郑和舰

人们纪念郑和采取了很多方式，建造"郑和舰"就是其中的一种。1985年12月开始建造"郑和舰"，1986年7月下水试航。建造的郑和舰为二级甲类舰，最大排水量可达6100余吨，最大航速为21节，经济航速为17节。该舰能抗12级风力，可进行除南北极地区以外的环球航行。今天，郑和舰正像当年的郑和船队一样乘风破浪，为我国的海洋航行事业再做贡献。

（四）宝船厂遗址

南京拥有很多郑和文化遗址遗迹，

今天，为了更好地宣扬郑和精神，为了纪念郑和船队，对这些遗址遗迹都进行了修建。

现在作为江苏省文物保护单位的南京中保村明代宝船厂遗址，是目前国内已知的唯一一个明代官办造船基地遗址。"宝船厂"是郑和七下西洋的发源地，郑和船队下西洋的船只大多是在这里修造的，并且从这里向东航行出海，一直完成下西洋的使命。在郑和船队下西洋的活动停止以后，这个宝船厂也在明朝中期以后逐渐废止了。今天，为了纪念郑和的远洋航海活动，有关部门已经在宝船厂遗址及附近建设了遗址公园，并向市民开放。

（五）中国航海日

郑和第一次下西洋的时间为1405年7月11日。今天，为了纪念郑和的首次航海，经过中华人民共和国国务院批准，从2005年起，每年的7月11日被定为中国的航海日，并制定了一些相关的规定。在航海日这一天，全国所有的船舶都要鸣笛挂彩旗，表达人们对郑和的怀念。

（六）重建南京天妃宫

天妃即妈祖。据史料记载，明永乐五

年郑和第一次下西洋顺利回国，为感谢天妃保佑海上平安，明成祖朱棣赐建"天妃宫"。南京天妃宫位于南京下关区狮子山西南麓，始建于明朝永

乐年间，有近六百年的历史。清代咸丰三年至十一年，南京天妃宫在战乱中毁坏。到1937年日军占领南京，南京天妃宫全部建筑被毁。今天，人们为了纪念郑和下西洋的壮举，为了使郑和航海活动的意义充分发扬，南京市在2004年7月重新修建了天妃宫。2005年5月3日天妃宫正式落成，并开始对外开放。

（七）郑和公园

1.南京郑和公园

南京是郑和航海出发的地方，南京的郑和公园位于江苏省南京市区太平巷35号，这座公园原来是郑和在南京出任守备时的府邸里的花园。在郑和公园中有全国最早的郑和纪念馆、郑和研究会。现在，这座公园被建成了一座开放式的展现郑和航海文化的主题广场，人们可以在这里纪念郑和，可以感受这位伟大的航海家的魅力。

2.昆明郑和公园

云南昆明的郑和公园位于滇池南岸晋宁县昆阳镇的月山，这里距离昆明市有

60公里。这个公园原来的名字是月山公园，因为昆明是郑和的家乡，而且郑和的父亲马哈只的墓在月山上，所以在1979年的时候，月山公园改为郑和公园。这个园林有250多亩，其中有松林、柏林、果林等，皆郁郁葱葱，非常壮观。登高远望，景象开阔。

公园内有许多景观值得观赏，主要有"望海楼"，高8.5米的郑和全身塑像，展示大量文献、实物、复制模型、图表等的郑和纪念馆，仿郑和七下西洋的大宝船而建的三保楼，被誉为云南碑刻第一林的郑和碑林（共有碑刻64块），郑和古里

亭以及郑和的父亲马哈只的陵墓。

3.长乐郑和公园

长乐郑和公园原名为"南山公园",坐落于福建省长乐市区中心的南山上。这座公园历史悠久,始建于北宋元祐三年(1088年),经历过宋元明数代的营建。在郑和七下西洋的过程中,将这里当做避风港时,对这座公园进行了全面的修建,包括亭、台、楼、阁、塔、寺等建筑,使其成为佛、道教信奉者前来朝拜的圣地。园内建造的塔,名为三峰塔,是郑和下西洋时船队进出的航标塔。

在永乐十年(1412年)郑和第四次出使西洋前,在太平港等候季风的时候,他派人奏请明成祖在长乐南山塔东面的三峰塔寺附近建造一座天妃宫,以祈求船队在航行过程中能够平安顺利。1985年为纪念郑和下西洋开航580周年,长乐市人民政府决定把南山公园改为"郑和公园"，而且还拨款建造了郑和史迹陈列馆。郑和第七次航行前还在这里建造了《天妃灵应之记碑》（俗称郑和碑），这是一件很珍贵的文物，具有很高的收藏价值。

郑和的一生是丰功伟绩的一生，他将一生献给了海洋事业。郑和的功绩是辉煌的，属于中国，也属于世界。郑和在三十多岁的时候开始进行远洋航海活动，经过二十八年之久，到达了三十多个国家，在最后一次航行中，郑和已经60岁了，这次，他再也没有回来。郑和为了中外文化的交流，为了世界的航海事业，献出了自己的生命，但他宣传的和平的文化理念，永远熠熠生辉。